Christa Möller

Fensterbilder im Advent

frech-verlag

ISBN 3-7724-1239-4 · Best.-Nr. 1239 · © Copyright 1988 by Frech

6. 7. 8. 9. Auflage
Erste Zahl maßgebend

frech-verlag

Jahr: 1992 91 90
Letzte Zahl maßgebend

Printed in Western Germany · Druck: Frech, Stuttgart-Weilimdorf

*In der Adventszeit warten die Kinder
mit Spannung auf das Weihnachtsfest,
und wir Erwachsenen treffen viele Vorbereitungen.
Für das Fest schmücken wir unsere Wohnung
mit Tannengrün, Sternen und mit
neuen Fensterdekorationen.*

*Ich stelle Ihnen in diesem Buch Fensterbilder
aus Tonkarton vor, die für das Basteln im
Familienkreis gedacht sind; auch Kinderhände
können da schon mithelfen.*

Inhalt

Das brauchen Sie dazu

Tonkarton in verschiedenen Farbtönen
Tonpapier in verschiedenen Farbtönen
Dekopapier mit kleinem Muster
Zeichenkarton, weiß
Schreibpapier, weiß
evtl. leichte Graupappe
Goldfolie, Tortenspitze
spitze, scharfe Schere
Stick- oder Silhouettenschere
Nagelfeile
Nähgarn in verschiedenen Farbtönen
Perlgarn oder Wolle zum Aufhängen
Lineal (durchsichtig)
Zirkel, Locher, Lochzange
Filzstifte, Deckweiß
Bleistift (weich), Radiergummi
UHU extra, für kleinere Flächen
UHU flinke Flasche, f. größere Flächen

Tonpapier – Tonkarton

Für die Rahmen und für größere Figuren ist grundsätzlich *Tonkarton* nötig. Er ist doppelt so schwer wie Tonpapier, läßt sich aber noch gut mit der Schere schneiden. Tonkarton gibt den Fensterbildern die nötige Stabilität.
Die kleineren Teile werden gern aus *Tonpapier* geschnitten. Ist Tonkarton im gewünschten Farbton nicht verfügbar, können Sie zwei Lagen Tonpapier gegeneinanderkleben. Dann haben Sie die Kartonstärke in etwa wieder erzielt.

Tips zum Schneiden und Kleben

Die großen Außenschnitte führen Sie mit der normalen Schere aus. Für die kleinen Teile verwenden Sie eine kleine Stickschere.

In die Fensteröffnungen und in die Kreise zuerst hineinstechen und dann nach allen Seiten Entspannungsschnitte schneiden, d. h. mit der Stickschere vom Einstich nach außen mehrfach einschneiden.

Der Klebstoff sollte nicht zu dick und auch nicht zu dicht bis zum Rand aufgetragen werden, da er sonst herausquillt. Für ganz kleine Teile drückt man etwas UHU extra auf ein Stückchen Karton und überträgt die Klebepunkte mit einem Streichholz oder einem Stückchen Draht.

Kreise ziehen Sie am besten mit dem Zirkel direkt auf den Tonkarton. Zeichnen Sie sich zuerst ein Kreuzchen und setzen Sie dann die Zirkelnadel in den Kreuzungspunkt.

Die Fensterbilder können Sie mit Perlonfäden, Nähgarn oder auch Perlgarn aufhängen. Die Fäden sollten farblich zum Bild passen. Alle kleinen Drehteile hängt man an Nähgarn.

Die Erstellung des Musters

Sie können das gewählte Muster vom Vorlagenbogen durchpausen. Am besten legen Sie jedoch Transparentpapier darüber und ziehen mit einem weichen Bleistift die Linien nach. Entweder legen Sie dann das ausgeschnittene Muster auf das Tonpapier und umfahren es leicht mit dem Bleistift, oder Sie legen das Tonpapier unter das Muster und schneiden beides zusammen aus. Das geht bei kleineren Teilen recht gut.

Doppelt oder einfach

Ob Sie beidseitig arbeiten oder nur einfach, hängt davon ab, ob das Fensterbild an seinem Platz von allen Seiten zu sehen sein wird.
Wenn Sie beidseitig arbeiten, schneiden Sie alle Teile gleich doppelt aus.

Das Aufhängen

Wenn Sie keine Lochzange zur Hand haben, können Sie die Löcher mit einer Nadel vorsichtig vorstechen und dann den Faden durchziehen.
Beim Lochen mit der Zange markieren Sie die Stelle am besten erst mit dem Bleistift. Sollte einmal ein Loch an die falsche Stelle gekommen sein, überkleben Sie es mit einem Sternchen oder einem anderen kleinen Element.

A Fensterbilder im Rahmen

Eingerahmte Fensterbilder können eine ganze Geschichte erzählen.
Viele Einzelteile werden zu einem Ganzen zusammengetragen und von einem Rahmen zusammengehalten. Rahmen können rund, oval oder spitzbogig sein, manchmal ist es gar ein Fensterrahmen. Diese „Fenster“ lassen sich vielleicht sogar öffnen; dann zeigt die Szene einen Blick nach draußen.

An der Futterstelle

Tonkarton grün
Tonpapier braun, hellgelb, dunkelgelb, und hellblau
Zeichenkarton und Schreibpapier weiß

Kleben Sie zuerst das Schneestück und die beiden Tannen auf Zeichenkarton auf. Kleben Sie Futterraufe und Reh hinter die Tannen. Falten Sie die große Tanne auf die Hälfte und kleben Sie nur den Falz an. Der Vogel am oberen Rand wird nur mit dem Mittelknick auf die gelben Flügel geklebt. Auch der Vogel im Schnee hat einen Flügel, der nur punktuell angeklebt ist.

Ein Weihnachtsapfel für den Igel

Tonkarton grün
Tonpapier braun, hellbraun, beige, orange und rot
Zeichenkarton weiß

Der kleine Igel wartet darauf, daß der letzte Apfel vom Baum fällt.

Kleben Sie zuerst die Schneestücke auf, darauf den Baum. Kleben Sie das beige Gesicht hinter den Igelkörper. Wenn er noch stacheliger wirken soll, so kleben Sie noch eine Stachelreihe davor, eine weitere dahinter.
Der Apfel ist plastisch gearbeitet. Auf einen roten Apfel werden noch zwei weitere geklebt, die in der Mitte gefaltet und am Falz geklebt werden.

Christrosen

Tonpapier und Tonkarton oliv
Tonpapier grün und rosa
Schreibpapier weiß
Schwarzer Filzstift

Das Grundmotiv wird zunächst ganz aus olivgrünem Tonpapier geschnitten, später der Rahmen mit Tonkarton hinterklebt.

Die grünen Blätter werden auf die Hälfte gefaltet und nur an der Knicklinie festgeklebt. Bei einigen Blättchen der Christrosen macht man das ebenso. Gehen Sie bitte mit Rosa sparsam um, – ein Blättchen in Rosa genügt schon. Staubgefäße mit dem Filzstift tupfen.

Stechpalme mit Schleife

Tonpapier und Tonkarton grün
Tonpapier rot

Die Stechpalme, Illex, steht unter Naturschutz. Das ist kein Wunder, denn wer möchte nicht zur Weihnachtszeit einen Zweig im Zimmer stehen haben?

Das Bild wird aus einem Stück in Tonpapier geschnitten und anschließend mit einem Ring aus Tonkarton hinterklebt.
In den Beeren erkennen Sie Locherpunkte. Wenn man mit der Hand schneidet, könnten Sie ruhig etwas größer und nicht so ebenmäßig ausfallen, das sähe natürlicher aus.

Ein Weihnachtsfenster

Tonkarton schwarz
Tonpapier rot, hellbraun, schwarz, je 2 Gelb-, Grün- und Blautöne
Schreibpapier weiß

In dieses Setzkastenfenster sind viele weihnachtliche Dinge hineingestellt, die Sie nach Belieben ergänzen oder austauschen können.

Weihnachtsvorbereitungen am Himmel

Tonkarton in vielen Farben
Zeichenkarton weiß
Schreibpapier, weiß

Auf den braunen Ring sind viele Einzelteile geklebt. Hinter einer Wolke schaut die Mondsichel hervor.
Die Szene im unteren Bereich ist auf zwei Wolken gestellt: ein Engel mit Weihnachtspaketen.

Ein kleiner Tip

Schneiden Sie zuerst die kleinen Teile aus, legen Sie alles lose auf und suchen Sie die optimale Anordnung, bevor Sie das Arrangement endgültig fixieren.

Ein Dorf im Schnee

Tonkarton schwarz
Tonpapier rot, hell- und dunkelgrün, hell- und dunkelgelb, hell- und dunkelblau
Zeichenkarton weiß

Kleben Sie zuerst den Schnee auf den Rahmen. Dahinter kommen die schon zusammengeklebten Häuser mit der Kirche. Bei den Tannen hat die vordere ein anderes Grün.
Einige Goldsterne runden das Bild ab.

Ein Dorf ist eingeschneit.
Der Friede schaut aus dem Fenster.

Heilige Nacht

Tonpapier und Tonkarton dunkelblau
Tonpapier lila
Goldfolie

Der Komet steht am nachtblauen Himmel und kündet die Heilige Nacht.

Schneiden Sie das Bild ganz in Tonpapier und hinterkleben Sie es zuletzt mit einem Oval aus dunkelblauem Tonkarton. Kleben Sie das Gold des Kirchturms und des Kometen nicht ganz fest, Sie können es später etwas aufbiegen.

Weihnachtsmann mit Rentier

Tonkarton oliv
Tonpapier braun, rot, gelb, blau, beige
Zeichenkarton weiß
Schreibpapier weiß

Der Weihnachtsmann kommt hoch aus dem Norden mit seinem Rentierschlitten zu uns.

Kleben Sie zuerst den Schnee in den Rahmen aus olivgrünem Tonkarton. Dann den Weihnachtsmann hinter den Schlitten und die Deichsel auf das Rentier kleben.
Das Geweih, die Blume, die Verzierungen am Weihnachtsmann und der Engel sind aus Schreibpapier. Nehmen Sie hierfür zum Schneiden eine Stickschere.

1. Advent

Tonkarton braun
Tonpapier beige, rot, grün, dunkelgelb
Tortenspitze rund ∅ ca. 25 cm
Perlgarn lila
Deckfarbe weiß (Schulmalkasten)

Die erste Kerze brennt. Behaglich schnurrend liegt die Katze im Fenster und wärmt sich in der Stube.

Kleben Sie zuerst die Gardine hinter das Fensterkreuz, dann Tanne, Kerze und Katze auf die Fensterbank. Der Stern ist doppelt. Er wird gelocht und mit dem lila Perlgarn angebunden.
Krallen, Falten und Barthaare der Katze werden mit Filzstift angedeutet.
Die Augenfarbe habe ich aus Deckweiß und Grün gemischt.
Die Schneeflocken sind übermalte Locherplättchen.

Der Nikolaus kommt . . .

Tonkarton schwarz
Tonpapier schwarz, rot, grau, grün, braun und gelb
Zeichenkarton weiß
Schreibpapier weiß
Goldfolie

Zuerst den Schnee hinter den Rahmen kleben, dann die Fensterflügel mit der gefalzten Kante fixieren.
Der Nikolaus bekommt Stiefel, Bart und Handschuh; dann wird er mit dem Eselchen auf den Schnee geklebt. Der Schwanz des Esels bleibt sichtbar.
Die Sterne zuletzt anbringen.

Der Nikolaus stapft mit seinem Eselchen durch den Schnee, um den Kindern etwas zu bringen.

... und geht wieder!

Tonkarton schwarz
Tonpapier rot, grau, braun, schwarz
Zeichenkarton weiß
Schreibpapier weiß
Tortenspitze oval 41 × 23 cm

Der Nikolaus war da und stapft jetzt schwer beladen durch die Winterlandschaft zum Nachbarhaus.

Kleben Sie zuerst den Schnee ein. Der Nikolaus kommt in den Schnee. Zeichnen Sie sich winzige Bleistiftpunkte für die Fußspuren, bevor Sie diese ankleben! Schneiden Sie den Engel doppelt aus Schreibpapier. Kleben Sie ihn nur in der Mitte zusammen und biegen Sie ihn etwas auseinander.
Die Gardinen ankleben, bevor Sie die Fensterflügel befestigen.

B Freie Modelle – Figuren

Im Gegensatz zu Bildern in einem Rahmen stellen die folgenden Modelle nur einen Gegenstand dar. Es kann ein Tannenbaum, Engel, Stern oder ein ganz anderes Objekt sein. Die Figuren sind großflächiger und können daher auch leichter von Kindern gebastelt werden.

Stern im Stern

Tonkarton hell- und dunkelgelb
Tonpapier rot und grün
Schreibpapier
Perlgarn rot

Sterne und Lebkuchen gehören zum Weihnachtsfest wie Engel und kleine Weihnachtsmänner.

Beide Sterne werden aus Tonkarton geschnitten und gelocht. Der kleine Stern wird in den großen mit einem roten Faden Perlgarn eingebunden. Die Verzierungen sind so einfach, daß sie auch Kinder schneiden und kleben können.

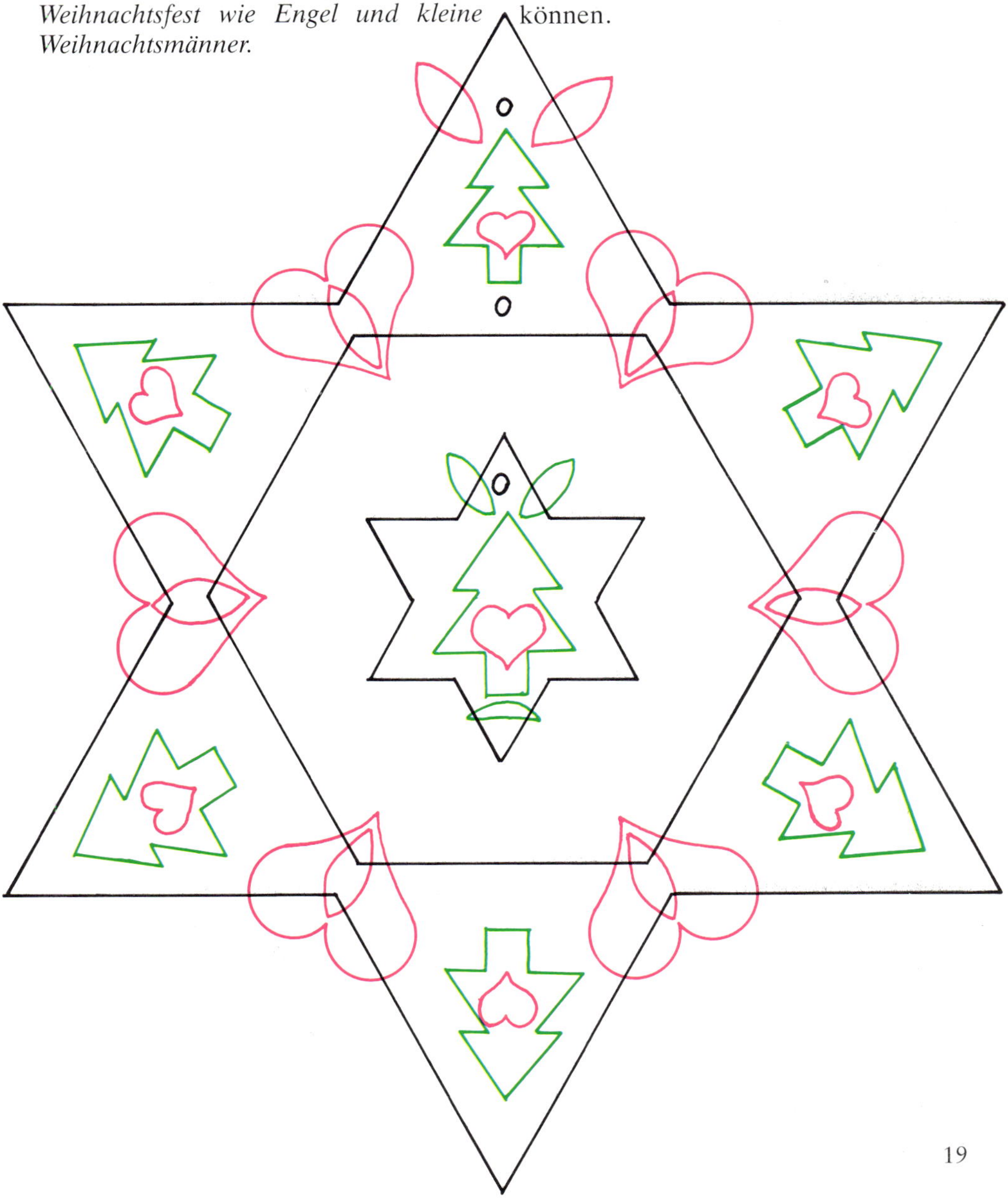

Blaues Barockhäuschen mit Engel

Tonkarton blau
Schreibpapier weiß
Nähfaden

Auch dieses Fensterbild können schon Kinder nacharbeiten. Die weißen Blenden werden auf halbiert gefaltetes Schreibpapier gezeichnet. Schneiden Sie die Blenden mit der Stickschere aus, falten sie auseinander und kleben sie mit der Seite ohne Bleistiftstriche auf. Vergessen Sie nicht, das doppelt geklebte Engelchen unter die Türblende zu kleben!

Ein weißer Tannenbaum

Zeichenkarton weiß
Schreibpapier weiß
Goldfolie

Dieses moderne Fensterbild zeigt eine grafisch interessante Version von Tanne, Engel und Stern.

Der Baum ist aus Zeichenkarton, das Engelchen aus doppeltem Schreibpapier. Der zweifach geschnittene Stern wird nur im Fadenbereich zusammengeklebt, damit Sie ihn plastisch aufbiegen können. Oben kleben Sie den Faden mit einem Locherpunkt fest.

Die Heiligen Drei Könige

Tonkarton rot, blau und schwarz
Tonpapier grün, orange, hell- und dunkelgelb
Goldfolie

Die Heiligen Drei Könige sind Teil des Weihnachtsgeschehens. Sie können die Figuren noch über Weihnachten hinaus bis zum 6. Januar, dem Dreikönigstag, hängen lassen.

Der blaue und der rote König sind jeweils aus einem Stück Tonkarton geschnitten. Die Kronen werden über den Aufhängefaden geklebt.
Beim Mohrenkönig werden Hände und Kopf aus Tonkarton zwischen dem zweifach geschnittenen Körper aus grünem Tonpapier geklebt. So differenziert können Sie die beiden anderen Könige auch kleben.
Der Stern wird von beiden Seiten auf den Schweif geklebt.

Schneekristall

Tonpapier oder Tonkarton blau
Schreibpapier weiß
Blauer Filzstift

Wenn Sie Schneeflocken mit einem Vergrößerungsglas betrachten, sehen Sie, daß es bizarre, sternförmige Kristalle in vielen unterschiedlichen Formen sind.

Sie können das Kristall doppelt aus Tonpapier arbeiten und den Mittelstern dazwischenkleben. Einfacher ist das Schneiden aus Tonkarton. Der Mittelstern wird dann mit einem winzigen Sternchen festgeklebt.
Die Verzierungen werden mit dem Filzstift und Locherpunkten gemacht.

Weihnachtsbaum mit Sternen und Äpfeln

Tonkarton oder Tonpapier grün
Tonpapier rot und braun
Schreibpapier

Diesen Weihnachtsbaum können Sie aus doppeltem Tonpapier oder aus einfachem Tonkarton arbeiten.

Ist er doppelt, so werden die zweifach geschnittenen Sternchen dazwischengeklebt, ebenso der Stamm.
Wenn Sie mit Tonkarton arbeiten, kleben Sie die Sterne unter die Bogenblenden und den Stamm von jeder Seite dagegen.
Der Baum wirkt auch in Gold oder kräftigem Rot. Immer sollten Sterne und Blenden weiß sein.

Engel mit Trompete

Tonpapier beige
Goldfolie, Tortenspitze
Geschenkpapier weiß
mit goldgemusterten Sternen

Vergangene Weihnachten schenkte mir meine Freundin ein Glasglöckchen, das in weißes Geschenkpapier mit Goldaufdruck eingewickelt war. Dieses Geschenkpapier trägt das Engelchen als Kleid.

Bekleben Sie beiges Tonpapier mit Dekopapier mit weiß-goldenem Muster.
Alle Teile des Engels sind doppelt. Schneiden Sie das Kleid zu, kleben Sie unten die Füße zwischen die Teile und an der markierten Stelle den Aufhängefaden. Dann wird von beiden Seiten der Kopf aufgesetzt. Achten Sie auf die Stellung des Kopfes! Über den Kopf kleben Sie die Haare, auch aus Dekopapier.
Fertigen Sie beide Arme und die Trompete (doppelt) an und legen Sie alles so hin, daß der Engel die Trompete bläst. Dann erst kleben Sie die Teile fest. Zuletzt werden die Flügel aus Goldfolie befestigt.

C Und noch ein bißchen mehr …

Aus Tonkarton und Tonpapier lassen sich noch viele andere weihnachtliche Dekorationen gestalten. Mit einigen Beispielen, die im Zusammenhang mit Fensterbildern stehen, runde ich mein Bastelangebot ab. Sie können zwischen verschiedenen Modellen frei wählen.

Drei kleine Engel mit plastischem Körper

Tonpapier beige, rosa, hellblau
Weißes Schreibpapier
beklebt mit Geschenkpapier
Goldfolie

Die Halbmesserkanten des Viertelkreises werden aufeinandergeklebt, ebenfalls der obere Teil der dann entstehenden Tüte. Sie müssen die Teile so lange zusammendrücken, bis sie getrocknet sind und die Tüte stehenbleibt. Kleben Sie dann auf die Spitze der Tüte von beiden Seiten die Köpfe aus beigem Tonpapier, darüber die Haare.

Wenn Sie Schreibpapier nehmen, muß es vorher doppelt geklebt werden, sonst schimmert der Kopf durch. Kleben Sie die Händchen jeweils zwischen beide Ärmelteile.
Damit die Engelchen besser stehen, schneiden Sie zuletzt ca. 2 mm von der Rundung unten am Kleid weg.
Soll der Engel hängen, so vergessen Sie nicht, zwischen die Kopfteile einen Faden zu kleben!

Schneemann und Wichtel

Abb. siehe Seite 28

Tonkarton rot
Tonpapier schwarz, grün und rot
Zeichenkarton weiß
Schreibpapier weiß
Brauner Filzstift

Diese kleinen Figuren können Sie anhängen, in einen Apfel oder auch Strauß stecken und hinstellen.

Wenn die Figur gestellt werden soll, schneiden Sie sie doppelt aus Tonpapier und kleben Sie nur im oberen Drittel zusammen. Anschließend können Sie die Figur auseinanderbiegen und hinstellen.
Zum Stecken kleben Sie ein flachgeschnittenes Blumenstöckchen hinter die Figur aus Tonkarton.
Zum Hängen muß die Figur für den durchzuziehenden Faden gelocht werden – oder Sie kleben sie doppelt aus Tonpapier mit dem dazwischenliegenden Faden.
Die kleinen weißen Teile – Bart und Handschuh – sind aus Schreibpapier.

Anleitung hierzu, siehe Seite 27!

Weihnachtsmann mit Herz

Tonkarton rot
Tonpapier braun, blau, hellrosa
Goldfolie
Schreibpapier
Geschenkpapier mit kleinem Muster

Üben Sie das Gesicht zuerst auf einem Stückchen hellrosa Papier. Sie können mit Wasserfarbe oder Filzstiften arbeiten. Nehmen Sie Deckweiß für den kleinen weißen Punkt in den Augen. Die Bäckchen kann man gut mit dem Finger auftupfen (Filz- oder auch Lippenstift). Kleben Sie dann das Gesicht auf. Schneiden Sie Haare und Bart ein und ziehen Sie das Papier leicht über ein Küchenmesser. Der Haaransatz wird mit einer Blende aus Dekopapier überklebt.

Kleben Sie vor den Mantel erst die Dekoleiste, dann den Bart darüber. Der Schal ist bemalt. Man kann aber ebensogut ein weiteres Dekopapier nehmen. Die blauen Handschuhe werden hinter den Mantel geklebt. Das Herzchen ist doppelt aus braunem Tonpapier und mit einem Goldherzchen verziert.

Kleiner Nikolaus mit Schlitten

Tonpapier gelb, braun, rot und grün
Goldfolie
Goldfaden
Schreibpapier

Beim Nikolaus werden die Halbmesserkanten des Viertelkreises und der obere Teil der entstehenden Tüte fest aufeinandergeklebt. Hält die Tüte zusammen, kommt von beiden Seiten der Kopf darauf. Kleben Sie unter den Mützenrand kleine Papierstreifen als Haare, die vorher mit einem Messer aufgebogen werden. Der weiße Handschuh kommt zwischen die doppelt geklebten Ärmel. Der Schlitten wird aus doppelt geklebtem Tonpapier geschnitten. Nachdem Sie ihn geknickt haben, werden die vier Beine über und unter den Kufen mit Querleisten verbunden. Zuletzt die Kufen hochbiegen und an beiden Langleisten des Sitzes festkleben.

Die Drei Weisen aus dem Morgenland

Tonkarton in vielen Farben
Schreibpapier, weiß
Goldfolie
Geschenkpapier-Reste

Das Foto und die Vorlagen sprechen für sich, sie ersparen weitere Erklärungen.
Kleingemusterte Geschenkpapiere mit recht viel Gold sind für die Könige die angemessene Bekleidung.

Postkarten

Tonpapier rot, braun, schwarz, grün
Zeichenkarton weiß
Goldfolie, Geschenkpapier
Nähfaden, Schreibpapier weiß

Diese Karten können Sie als Raumdekoration aufstellen oder mit einem eingelegten Blatt verschicken.

Alle Karten sind aus Zeichenkarton doppelt geschnitten. Sie werden geknickt und dann vorn mit Ton- oder Geschenkpapier beklebt. Dann den Drehraum für die kleinen Figuren ausschneiden. Der Faden wird innen mit einem Herzchen festgeklebt.
Das Tannenbäumchen wird jeweils zweimal geschnitten. Der obere Baum wird geknickt und nur mit der Knicklinie angeklebt und später aufgebogen.